PENGUIN READERS
EN ESPAÑOL

Queridos padres y educadores:

¡Bienvenidos a Penguin Readers! Como padres y educadores, saben que cada niño se desarrolla a su propio ritmo en términos de habla, pensamiento crítico y, por supuesto, lectura. Por eso, a cada libro de Penguin Readers se le asigna un nivel de lectura fácil (1-4), detallado a continuación. ¡Penguin Readers presenta autores e ilustradores de renombre, cuentos favoritos, libros informativos fascinantes

LECTOR INICIA
Vocabulario sencillo • Repetición de palabras • Claves de la ilustración • Cuento y estructuras de la oración predecibles • Temas e ideas familiares

LECTOR EN PROGRESO
Oraciones más largas • Diálogos sencillos • Claves de la ilustración y del contexto • Desarrollo más profundo de la trama • Información y ficción

LECTOR EN DESARROLLO
Palabras polisílabas y compuestas • Más diálogo • Diferentes puntos de vista • Historias y personajes más complejos • Mayor variedad de géneros

LECTOR AVANZADO
Vocabulario más avanzado • Texto detallado y descriptivo • Estructura de oraciones complejas • Desarrollo profundo de la trama y los personajes • Gama completa de géneros

Para Autumn y Austin, ustedes significan el mundo para mí. Gracias por mantenerme alegre y curioso—JB

PENGUIN YOUNG READERS
Un sello editorial de Penguin Random House LLC
1745 Broadway, New York, New York 10019

Publicado por primera vez en los Estados Unidos de América en inglés como *TIME for Kids: Insects* por Penguin Young Readers, un sello editorial de Penguin Random House LLC, 2025
Edición en español publicada por Penguin Young Readers, 2025

TIME for Kids © 2025 TIME USA, LLC. All Rights Reserved.

Traducción al español de Yanitzia Canetti

Créditos de la fotografía: cubierta, 3: Valentin Baciu/iStock/Getty Images; solapa delantera: Jasius/Moment/Getty Images; 4: Wirestock/iStock/Getty Images; 5: marcouliana/iStock/Getty Images; 6: blueringmedia/iStock/Getty Images; 7: (izquierda) Leila Coker/iStock/Getty Images, (derecha) Smithore/iStock/Getty Images; 8: Martin Anderson/500px/Getty Images; 9: (arriba) GlassEyeStock/iStock/Getty Images, (abajo) TrichopCMU/iStock/Getty Images; 10-11: Sebastian/Adobe Stock; 12: Premaphotos/Alamy Stock Photo; 13: Chris Minihane/Moment Open/Getty Images; 14: wisan224/iStock/Getty Images; 15: heckepics/iStock/Getty Images; 16: Frans Sellies/Moment Open/Getty Images; 17: Anne-Marie Palmer/Alamy Stock Photo; 18: Klaus Nicodem/iStock/Getty Images; 19: Paul Starosta/Stone/Getty Images; 20: Jojo Dexter/iStock/Getty Images; 21: Valter Jacinto/Moment/Getty Images; 22: hawk111/iStock/Getty Images; 23: (arriba) Darkdiamond67/iStock/Getty Images, (abajo, izquierda) Nigel Harris/iStock/Getty Images, (abajo, derecha) piemags/nature/Alamy Stock Photo; 24: Heather Burditt/iStock/Getty Images; 25: Laszlo Podor/Moment/Getty Images; 27: Koichi Yoshii/iStock/Getty Images; 28: Jasius/Moment/Getty Images; 29: Lubo Ivanko/iStock/Getty Images; 30: JMrocek/iStock/Getty Images; 31: Ian Fox/iStock/Getty Images; 32: Gins Wang/E+/Getty Images

Penguin Random House apoya la protección de los derechos de autor. Los derechos de autor estimulan la creatividad, fomentan la diversidad de voces, promueven la libertad de expresión y crean un ambiente cultural vivo. Gracias por comprar una edición autorizada de este libro y por cumplir con las leyes de derechos de autor al no reproducir, escanear ni distribuir cualquier parte de este en cualquier forma sin permiso. Estás apoyando a los escritores y permitiendo que Penguin Random House continúe publicando libros para todos los lectores. Ninguna parte de este libro puede ser utilizada ni reproducida de ninguna manera con el propósito de entrenar tecnologías o sistemas de inteligencia artificial.

Visítenos en línea: penguinrandomhouse.com.

Los datos del registro de la Catalogación en la Publicación (CIP) de la Biblioteca del Congreso están disponibles.

Manufacturado en China

ISBN 9780593889596 (tapa blanda)   10 9 8 7 6 5 4 3 2 1 WKT
ISBN 9780593889602 (tapa dura)   10 9 8 7 6 5 4 3 2 1 WKT

La editorial no tiene ningún control sobre ni asume ninguna responsabilidad por los sitios web de la autora o de terceros ni por su contenido.

El representante autorizado en la UE para la seguridad y cumplimiento de este producto es Penguin Random House Ireland, Morrison Chambers, 32 Nassau Street, Dublin D02 YH68, Irlanda, https://eu-contact.penguin.ie.

NIVEL 3

PENGUIN READERS
EN ESPAÑOL

TIME for KiDS

INSECTOS

Jevon Bolden
traducción de **Yanitzia Canetti**

Los insectos son unas de las criaturas más importantes del planeta. Mantienen el equilibrio del ecosistema de la Tierra.

Insectos como las abejas, las moscas de las flores y las mariposas polinizan las plantas florecidas, dándonos miel y llenando nuestros campos de más flores. También polinizan los cultivos agrícolas que alimentan a humanos y animales. Las crisopas controlan plagas como pulgones y ácaros, evitando que destruyan los cultivos.

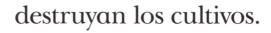

Las libélulas controlan las poblaciones de

insectos portadores de enfermedades, como los mosquitos.

Los escarabajos eliminan residuos al consumir materia orgánica, como las heces de animales. La descomposición de estos desechos reduce la propagación de patógenos que causan enfermedades.

Hay insectos de diversas formas, tamaños y colores. Desde escarabajos iridiscentes hasta mantis que parecen flores, el mundo está lleno de insectos cuyas formas y colores cumplen un propósito para el bienestar de nuestro planeta.

Los insectos son invertebrados, es decir, no tienen columna vertebral. Siempre tienen seis patas y un cuerpo dividido en tres partes: cabeza, tórax y abdomen.

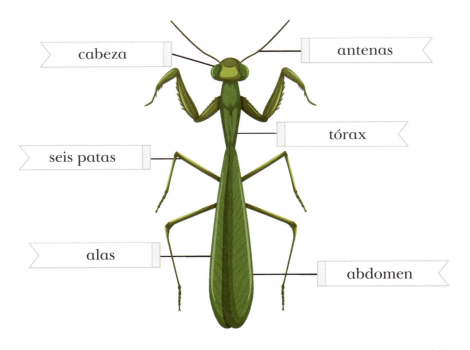

Algunos insectos tienen alas, como las abejas, las avispas, las mariposas, las libélulas y algunos escarabajos.

No solo hay muchos tipos de insectos, sino también un número increíble de ellos vivos hoy día. ¡Hay aproximadamente diez trillones (10 000 000 000 000 000 000) de insectos en la Tierra!

A veces, se hace referencia a los insectos como *bichos*, pero no todo lo que se llama bicho es un insecto.

Las arañas no son insectos. Son arácnidos. Las arañas tienen ocho patas, dos partes principales del cuerpo (un cefalotórax, que es una combinación de la cabeza y el tórax, y un abdomen) y carecen de alas.

Los ciempiés y los milpiés tampoco son insectos. Tienen numerosos segmentos en el cuerpo y más de seis patas.

Ahora echemos un vistazo a algunos de los insectos más singulares y apasionantes del mundo.

La llamativa apariencia de la mantis flor espinosa le permite camuflarse entre flores y hojas. Es una mantis pequeña, de aproximadamente una pulgada y media de largo, y es nativa del sur y este de África. Dos de las alas tienen espirales en negro y amarillo que casi parecen los ojos de un animal más grande. Cuando se siente amenazada, la mantis flor espinosa levanta las alas para mostrar los "ojos", lo que ahuyenta a los depredadores.

La parte trasera de un insecto Picasso se asemeja a algo que podrías ver en un museo de arte. Este insecto utiliza sus brillantes colores para asustar a los depredadores y mantenerse a salvo. Al igual que una chinche apestosa, libera un mal olor cuando se lo molesta o aplasta. Viven en África tropical y subtropical y se alimentan de plantas. Pueden medir más de media pulgada.

¿Adivinas cómo obtuvo su nombre este insecto?

La mantis orquídea tiene un cuerpo amarillo o rosa y blanco, y las patas planas se asemejan a los pétalos de una flor. Puede crecer hasta dos pulgadas y media de largo.

Vive en bosques tropicales desde India hasta Indonesia. Esta mantis religiosa no solo parece una flor, sino que suele vivir cerca de flores. Así se oculta de sus presas y de sus depredadores.

La cola de golondrina esmeralda es una mariposa que cambia de tonalidad. Tiene alas de color verde oscuro con bandas brillantes que se ven diferentes según la luz. Desde un ángulo, las bandas son de un verde claro. Desde otro ángulo, parecen amarillas o azules.

Del otro lado, las alas se ven muy diferentes: negras y grises con manchas azules, naranjas y blancas. El cambio de color ayuda a esta mariposa a mantenerse a salvo.

La cola de la golondrina esmeralda tiene una envergadura promedio de cuatro pulgadas. Es nativa del sudeste asiático, pero se la puede ver en mariposarios de todo el mundo.

El raro escarabajo de la hoja arcoíris vive en los bosques de Europa y está en peligro de extinción en el Reino Unido. No es de extrañar su nombre: su cuerpo brillante está cubierto de vetas de rojo, verde y púrpura. Al escarabajo arcoíris le encanta comer tomillo silvestre y crece hasta casi media pulgada.

Las avispas están entre los tres primeros insectos más mortales para los humanos en el planeta. La avispa cuco iridiscente es un depredador, pero, a diferencia de otras avispas, no pica. Es un tipo de parásito. Sobrevive apoderándose de los nidos de otras avispas y poniendo sus propios huevos en ellos. Las crías de la avispa cuco (o larvas) luego se alimentan de los huevos de otras avispas y de su comida.

La avispa cuco tiene un cuerpo esculpido y altamente colorido, y se puede encontrar en casi todo el mundo, excepto en la Antártida. Las avispas cuco adultas son pequeñas y, a menudo, no crecen más de media pulgada de largo.

Se suele confundir a las libélulas con los caballitos del diablo, pero son un poco diferentes.

Aunque ambas viven cerca de aguas dulces y poco profundas, las libélulas tienen los ojos más juntos y cuerpos más robustos que los caballitos del diablo, y los caballitos del diablo tienen más espacio entre los ojos. La envergadura de las libélulas varía de una a seis pulgadas, y en los caballitos del diablo, entre media pulgada y siete pulgadas y media. Y mientras los caballitos del diablo pliegan las alas cuando no están volando, las libélulas las mantienen extendidas.

Sin embargo, ambas se alimentan de otros insectos y tienen colores brillantes como verde, azul, rosa, rojo y otros.

Libélula carmesí

Libélula azul común

Libélula de montaña

La polilla rosada del arce, la polilla de seda más pequeña del mundo, está adornada con suaves tonos difusos de rosa, amarillo y púrpura. Su envergadura oscila entre una pulgada y media y dos pulgadas y media. Esta diminuta criatura se encuentra en América del Norte, y como oruga, se alimenta principalmente de hojas de arce, de ahí su nombre.

El escarabajo joya (también conocido como escarabajo metálico perforador de madera) es considerado uno de los insectos más coloridos del mundo. Hay unas 15 000 especies que viven en América del Norte, Tailandia y otras partes del sudeste asiático. Los escarabajos más grandes de esta especie, que aparecen con brillantes colores como rojo, verde, azul y púrpura, son favoritos entre muchos coleccionistas de insectos. Estos coloridos caparazones a veces se usan en joyería para hacer alas de escarabajo. Habitan en áreas con muchos árboles y plantas y pueden causar graves daños al alimentarse de huertos, arbustos y árboles de bosque.

Este insecto brillante puede crecer hasta una longitud de una a dos pulgadas aproximadamente.

Conocida como polilla cometa o polilla luna de Madagascar, este insecto de color amarillo y rojo brillante se puede encontrar en las selvas tropicales de Madagascar, frente a la costa sureste de África. Tiene una envergadura impresionante de hasta ocho pulgadas.

Después de que estas polillas emergen de los capullos, las bocas y los sistemas digestivos ya no les funcionan. Y como no pueden comer, viven solo de seis a ocho días.

La polilla cometa utiliza su larga cola roja y amarilla como defensa contra atacantes, como los murciélagos. La cola gira e interfiere la ecolocalización del murciélago y lo lleva a atacar la cola en lugar del cuerpo de la polilla.

¿Por qué los insectos tienen colores y formas diferentes? No es solo para destacarse. Su apariencia los ayuda a protegerse de ataques o a conseguir alimento. Algunos exhiben sus colores para advertir a los depredadores que son venenosos y saben mal. Y otros, para atraer parejas.

La gente suele temerles o ignorarlos, pero cuando le dedicas tiempo  a observar a los insectos de cerca, verás qué maravillosos son.

Oro reluciente, iridiscencia increíble y arcoíris radiantes los adornan. Estas características son fascinantes y evidencian cómo los insectos se han adaptado a lo largo del tiempo. Pueden ser pequeños, pero ¡tienen un gran impacto en nuestro mundo!

¿Cuál es tu insecto favorito?